CADASTRE GÉNÉRAL DE LA FRANCE,

PAR M. P. F. AUBRY, Député du Bailliage de Villers-Coterets.

IMPRIMÉ PAR ORDRE DE L'ASSEMBLÉE NATIONALE.

A PARIS,
DE L'IMPRIMERIE NATIONALE.
1790.

CADASTRE GÉNÉRAL
DE
LA FRANCE.

MESSIEURS,

PAR les dispositions du rapport de votre Comité d'impositions, portant le titre : *Ordre du Travail*, l'établissement des contributions, leur encadastrement selon l'ordre de la nouvelle division de la France, & vos rapports avec les corps administratifs & municipaux, assurent d'avance aux peuples la justice que vous devez à tous.

Heureux sans doute, Messieurs, de pouvoir terminer aussi glorieusement votre ouvrage ! Encore un pas, l'ancien régime fiscal n'est plus. Nos inquiétudes cessent ; la confiance renaît; la révolution est consommée; & la France devenue libre, ne verra bientôt plus d'esclaves sur le globe. C'est à vous seuls, Messieurs, qu'il appartient de répartir la masse entière des contributions entre les différens départemens : leur répartition particulière eſt l'ouvrage de vos directoires de départemens & de diſtricts; & c'eſt aux adminiſtrateurs municipaux que vous avez réſervé de répartir juſtement l'impôt, & vous voulez que chacun le ſupporte en proportion de ſa richeſſe, ſous quelque forme qu'elle ſe repréſente; enfin, qu'aucun ne puiſſe jamais troubler l'ordre public, en ſe ſouſtrayant au tribut qu'il doit.

L'échelle de votre adminiſtration eſt établie de manière que, de votre ſein aux adminiſtrations de département, & de ces dernières à celles de diſtrict, tout eſt parfaitement lié; mais de ces adminiſtrations de diſtrict aux municipales, la diſtance eſt trop grande : il y a double échelon.

Je ne fais point cette obſervation, Meſſieurs, dans la vue de vous propoſer de revenir ſur aucuns de vos décrets.

Il eſt cependant vrai de dire qu'au moment où votre comité de conſtitution vous a préſenté ſon projet d'organiſation des différentes adminiſtrations, s'il m'eût été poſſible de faire alors entendre ma foible voix, j'aurois demandé que les adminiſtrations primaires des municipalités fuſſent toutes concentrées dans les petites villes & bourgades, & qu'alors vous n'euſſiez accordé aux différentes paroiſſes, qui toutes le deſirent aujourd'hui & le demandent avec inſtance, d'autres adminiſtrateurs qu'un ſyndic, pour correſpondre avec la municipalité du canton, & exercer la police territoriale, enfin, pour aſſembler les habitans, cultivateurs, & tous intéreſſés à la répartition des contributions, à l'effet de procéder entr'eux à cette répartition.

Mais, Meſſieurs, ſans contrevenir à l'eſprit de vos décrets, & dans la vue de perfectionner votre ouvrage, n'eſt-il pas des moyens? & s'il en exiſte, ſeroit-ce une indiſcrétion de vous les propoſer, ſur-tout, ſi dans les circonſtances de la répartition des contributions foncières ou autres, il devient en quelque ſorte impoſſible de parvenir à cette répartition, parce qu'il n'y a point d'intermédiaire entre les directoires de vos districts & vos administrateurs municipaux. Ce que je vais dire, par conséquent, & qui n'est qu'un mot, n'est point hors de la question.

Depuis six mois, Messieurs, comme membre des comités de constitution & de finances, je travaille à la vérification des procès-verbaux des cartes des différens départemens, à l'effet de les dresser dans une forme méthodique & parfaitement régulière.

Ce travail est très-avancé, & j'aurai l'honneur de vous en faire le rapport, quand vous voudrez, pourvu que j'en sois prévenu une semaine d'avance. Je desire que vous y rencontriez les vues d'utilité qui me l'ont fait entreprendre.

C'est de ce travail, Messieurs, que j'ai tiré le discours que j'ai eu l'honneur de vous faire sur la liquidation de la dette publique.

C'est à l'aide de ce travail que je pourrai vous présenter, sur la division de la France en départemens, districts & cantons, le tableau des districts sous leurs différens rapports, afin que vous puissiez juger des changemens dont ils sont susceptibles, & que vous paroissez vouloir effectuer; & c'est enfin de ce travail, que je tirerai ce que je vais avoir l'honneur de vous dire sur la question qui nous occupe, & à laquelle je reviens.

Votre comité, Messieurs, vous annonce de l'économie dans la recette, & l'acquit des dépenses sans frais; en un mot, les plus grandes lumières au lieu des ténèbres épaisses dont l'ancienne fiscalité étoit entourée; il dit que vous reconnoîtrez la véritable ligne de démarcation qui doit exister nécessairement entre les fonctions augustes du Roi & les vôtres, en matière de contribution, afin de fixer d'une manière invariable l'étendue des droits de l'homme & du citoyen, sans lesquels il n'est plus de liberté individuelle, de bonheur ni de tranquillité; il nous fait enfin envisager que l'instant où nous devons être à jamais débarrassés de l'arbitraire résultant des anciennes loix fiscales, ces loix feront remplacées, pour me servir des mêmes termes que votre comité, *par un code des contributions publiques.*

Votre Comité, cependant, Messieurs, ne nous fait point encore espérer la réforme entière des abus, & nous renvoie aux prochaines législatures; mais en cela, il me semble qu'il pouvoit rester moins en arrière, si plus hardi, si plus confiant dans les immenses ressources qui sont à notre disposition, il n'eût pas craint d'examiner la question qu'il appelle l'unité de l'impôt, mais que j'appelle l'unité de richesse, puisque l'impôt n'en est qu'une partie quelconque. Je passe les faits historiques que votre comité rapporte sur les différentes impositions dont le pauvre peuple a été jusqu'à présent si surchargé, & je m'arrête avec plaisir à cette partie de son rapport, où il vous dit que nous devons tous fournir aux besoins de la patrie;

1°. Comme propriétaires, en proportion de la valeur de cette portion de richesse;

2°. Comme citoyens, à raison de nos facultés déterminées par le prix du loyer des maisons;

3°. Et pour le surplus, par quelques droits particuliers sur les consommations, ou perçus à l'aide des barrières; mais ici je m'arrête un instant, & le mot de *barrières* m'épouvante: il n'est point de barrières sans commis, point de droits aux barrières sans fraude; & dès-lors nous ne jouissons que très-imparfaitement de notre liberté. D'ailleurs, en coûte-t-il moins au consommateur de payer aux barrières plutôt qu'à titre d'abonnement? Et l'abonnement, au contraire, ne nous débarasse-t-il pas enfin, de toutes entraves de toutes craintes? Le cadastre de la richesse industrielle présente-t-il plus de difficultés à dresser, que celui de nos propriétés? Se persuade-t-on que parce que les marchandises payent, en entrant, un impôt, ce n'est pas le consommateur qui le paie? mais c'est toujours lui; or, pourvu qu'il paye, à quoi bon des barrières?

Vous verrez, Messieurs, dans un instant, si vous en avez besoin, & si la manière dont je vais avoir l'honneur de vous proposer de décréter les premières bases de l'impôt, n'est pas préférable à des lois prohibitives. Point de ces sortes de lois pour entourer des hommes jouissant de leurs droits ; & apprenons à toute la terre, qu'en se communiquant librement, toute nation, loin de se nuire, ajoute infiniment à ses facultés, puisqu'elle augmente sa force de tous les bras que les lois prohibitives paralysent. Ne craignons rien pour nos manufactures nationales : la liberté ne peut que les étendre ; & si quelque gros manufacturier s'y oppose, n'écoutons point sa réclamation. Nous avons supprimé tous les privilèges, & sa manufacture doit être comprise dans la suppression, si elle ne peut subsister qu'à l'aide d'un privilége.

Votre comité vous dit que les barrières sont reportées aux frontières ; mais la société gagne-t-elle à ce marché ? Non, elle y perd au contraire : il n'y aura ni plus ni moins de commis, ni plus ni moins de contrebandiers ; & la seule différence que je trouve entre un cordon aux frontières & un cordon à plusieurs lieues des frontières, c'est que l'armée de contrebandiers qui est toujours en activité en-deçà & au-delà de la ligne, avant le reculement des barrières aux frontières, n'étoit que des François que nous avions encore quelqu'intérêt de voir subsister, puisque ces contrebandiers payoient des impôts ; au lieu que la ligne se trouvant à l'extrêmité de la France, l'armée en activité au-delà de la ligne n'est plus composée que d'étrangers qui ne nous payent rien.

Cependant, direz-vous, il nous faut des barrières, & j'en conviens ; mais il ne nous en faut que pour empêcher la sortie de nos subsistances dans les années de disette, ou pour empêcher l'entrée des marchandises nuisibles à notre commerce, & à nos manufactures nationales ; autrement, *liberté entière.* Des barrières sont contraires à notre déclaration des droits.

Votre comité vous dit encore, & je répète ses propres paroles :

» La culture du tabac, sa fabrication & son débit seront libres. » L'importation de cette denrée restant entre les mains d'une » compagnie, produira encore un revenu considérable, quoique » le prix soit baissé à un taux qui ne puisse plus attirer la contre- » bande ». Je réponds : encore des compagnies ! Quoi ! toujours des compagnies ! C'est comme pour nos besoins, toujours des emprunts. Eh ! Messieurs, laissez aux cultivateurs la liberté de vendre leurs tabacs ; & si vous voulez absolument que cette production contribue davantage que les autres, chargez alors les administrations de districts & de municipalités de surveiller cette branche d'impôt, d'en compter de clerc à maître ; &, pour qu'ils aient le plus grand intérêt à imposer les cultivateurs du tabac, abandonnez le quart ou le cinquième du produit de cet impôt, pour être versé dans la caisse des pauvres de ces municipalités. Vous devez d'autant plus être assurés de sa perception exacte, que si les municipalités ne surveilloient pas, les pauvres, au profit desquels tourne une partie de l'impôt, surveilleroient pour elles.

Votre comité, Messieurs, termine son rapport par vous dire » qu'il auroit desiré de vous présenter d'abord les articles consti- » tutionnels, mais que les circonstances pressées où vous vous » trouvez, de mettre en activité les corps administratifs pour » l'assiette des contributions, le déterminent à vous proposer » d'entendre son rapport sur la contribution foncière, & à vous pro- » poser successivement ensuite & sans interruption toutes les » parties de son travail. »

Je ne puis, sans doute, qu'applaudir aux vues d'ordre que ce travail présente ; cependant j'aurois desiré qu'avant de vous déterminer à rien prononcer sur une partie, vous les ayez toutes entendues, parce que ce n'est que par l'ensemble d'un travail qu'on peut l'apprécier ; & c'est par cette même raison qu'en répondant, comme je vais le faire, au second rapport de votre comité sur la contribution foncière, je ne puis vous présenter quelques données satisfaisantes, qu'en vous faisant jeter un coup-d'œil sur les articles

ticles constitutionnels qui doivent servir de base à la répartition des impôts.

Vous ne reconnoîtrez pas, Messieurs, dans mon système les parties de détails que M. de Montcalm vous propose. Autant son plan vous présente d'impôts différens, autant le mien en présente peu.

J'applaudis sans doute aux vues de justice & d'humanité qui l'ont animé : il veut que le cultivateur soit dédommagé de ses sueurs; le luxe est pour lui le seul objet qu'il faut imposer; mais a-t-il songé que les tems ne sont plus les mêmes, & qu'aujourd'hui les impôts sur les objets de luxe ne feroient qu'ajouter à la misère de ceux qui gémissent de ce qu'il en est à présent si peu?

Avant la révolution, son plan eût été admirable; aujourd'hui, il seroit vraiment destructeur, & ce seroit un grand malheur s'il étoit adopté. Je reviens à mon plan.

Vous regardez sans doute, Messieurs, la fixation des impôts & la manière d'y procéder, comme la science la plus problématique; mais elle sera bien simplifiée si vous décrétez

1°. Que la richesse est la base de l'impôt; ou, ce qui est la même chose, que l'impôt est une portion quelconque de la richesse;

2°. Que la richesse, productive ou non, doit supporter toute la charge de l'impôt;

3°. Que lar ichesse se représente sous trois parties principales, qu'on distingue par

Richesse territoriale,

Richesse mobilière,

Richesse industrielle;

Et que ce sera d'après ces bases que vous ferez procéder au cadastre dont je vais parler, en appliquant aux quatre-vingt-trois départemens de la France la masse de leurs contributions, quand vous aurez une fois fixé les rapports qu'il y a entre ces trois parties de la richesse.

4°. Et enfin, que le premier cadastre dont je vais avoir l'honneur de vous présenter les données, sera alors la seule & unique base des différens cadastres qui doivent se succéder, & arriver, par cette échelle que vous avez établie, du département au district, de celui-ci au canton, & de ce dernier aux municipalités, à la masse de contribution que vous chargerez chacune de ces municipalités de répartir dans le plus grand détail.

Le cadastre dont il s'agit, & auquel je ne donne que le titre de cadastre provisoire, peut être fini avant la fin de l'année.

Vous pouvez le faire exécuter en même temps dans les quatre-vingt-trois départemens, par les directoires des 547 districts, à l'aide d'une simple lettre circulaire portant une série de demandes, auxquelles il ne faudra pas beaucoup plus de quinze jours pour répondre.

C'est une opération infiniment simple en elle-même, & vous ne devez point vous épouvanter du mot *cadastre*, parce que celui que je vous propose, dans son véritable sens, n'est autre chose qu'une simple rédaction de rôle de contribution, dressé par les personnes intéressées à ce qu'il soit bien rédigé.

Pour vous rendre compte de son exécution, c'est le travail d'un comité qui vous manque, & auquel je propose de donner le titre de *Comité de Cadastre*. Vous ne tarderez sûrement pas à l'établir, Messieurs, ce comité, puisque vous ne pouvez parvenir à fixer, sans lui, vos impôts pour 1791, & sur-tout, que sans la fixation des bases de l'impôt, les amateurs de vos biens ne se détermineront jamais à acquérir.

Il est inutile que je m'étende beaucoup sur la contribution foncière que votre comité traite dans son second rapport. Je ne puis, dans mon systême, la considérer que comme un objet isolé, sur-tout, puisque le plan dont je vais avoir l'honneur de vous présenter l'ensemble, embrasse toutes les parties de l'impôt.

Je n'entrerai, Messieurs, dans aucun détail sur l'origine des impôts & leur augmentation graduelle, ni sur le mode de les percevoir, ni enfin, sur la question de savoir si l'impôt en argent n'est pas préférable à l'impôt en nature.

Ces questions ont été tant rebattues, que ce seroit abuser de votre temps que de vous en entretenir d'ailleurs, ce n'est point par de simples raisonnemens que je prétends convaincre, c'est par des calculs faciles à vérifier.

Votre comité, Messieurs, propose de fixer la contribution foncière à 240 millions, parce que le denier étant la deux cent quarantième partie de la livre, chaque denier vaut un million. J'adopte bien volontiers cette mesure; elle sera la base de toute mon opération.

Suivant le compte rendu au Roi au mois de mars 1788, la masse des impôts s'élevoit à 472,415,549 liv.

Et suivant l'auteur du livre de l'Administration des finances de la France, le peuple payoit réellement 584,400,000 livres; ainsi le peuple payoit près de 112 millions au-delà de la somme entrant au trésor public.

Il n'est pas nécessaire d'en dire la cause, nous la connoissons tous; c'étoit les frais de régie, &c., &c.

Les besoins actuels, si l'on comprend le traitement fait au clergé, s'éléveront, sans doute, au moins à cette somme de 584,400,000 liv. Je la prends pour base des impôts à répartir pour l'année 1791, sauf toutefois à augmenter ou diminuer de quelques sols pour livre, s'il en est nécessaire.

J'ai l'honneur même de prévenir l'Assemblée que pour faciliter les calculs, je supposerai que les besoins doivent s'élever à 600 millions; & comme votre comité s'arrête à une somme de 240 millions pour la contribution foncière ou territoriale, à s'ensuit qu'il reste une somme de 360 millions à répartir sur la richesse mobiliaire & industrielle.

Si ces deux dernières richesses étoient égales entr'elles, l'opération se réduiroit à diviser la somme en deux parties égales; mais comme la richesse mobiliaire me paroît être moindre que la richesse industrielle, d'un tiers environ, il résulte alors que la richesse mobiliaire ne s'élève qu'à moitié de la richesse foncière, ou à une somme de 120 millions de contribution, & que la richesse industrielle est égale à la richesse foncière, ou à une somme de 240 millions de contribution.

Si cette première répartition repose sur des bases véritables, le problême de l'impôt est résolu.

J'ai posé pour principe que la richesse doit seule l'impôt. Or, si nous supposons que l'impôt doit être de trois vingtièmes du revenu, fixé sur le pied de 5 pour 100 du capital, il s'ensuit que d'après cette hypothèse & celle d'une imposition de 600 millions, la richesse s'éléveroit à 80 milliards; mais au lieu de milliards, ne parlons que de parties, & disons, la richesse s'élève à une somme quelconque, qui se divise en quatre-vingt parties.

SAVOIR:

32 pour la richesse foncière ou territoriale.

16 pour la richesse mobilière, mais que je distingue ici par celle que le comité impose sous le titre de contribution des facultés des citoyens, d'après le prix de bail des maisons, & que j'appellerai contribution facultative.

Et 32 pour la richesse industrielle.

Richesse foncière.

Fixer la richesse foncière aux trente-deux quatre-vingtièmes, ou aux deux cinquièmes de la richesse totale, c'est supposer, à cinq pour cent, ſi le quatre-vingtième étoit un milliard, un revenu de ſeize cents millions; mais comme nous ſavons tous que les biens-fonds s'achètent communément au denier trente, cela réduit le revenu des biens-fonds à un milliard & un tiers de million, & cela s'accorde parfaitement avec l'opinion de ceux qui caſent au plus bas; car nos meilleurs calculateurs élèvent les revenus de nos immeubles à plus de treize cents millions. De là il réſulte que la contribution foncière peut ſe répartir de deux manières; la première, en évaluant ce que le champ vaut d'écus, & en l'impoſant alors ſur le pied de trois vingtièmes de ſon revenu, fixé à raiſon de cinq pour cent du capital; ou en l'impoſant ſur le pied de quatre vingtièmes & demi du revenu net, ce qui eſt la même choſe.

Obſervez ici, Meſſieurs, qu'ayant caſé au plus bas, ſi la richeſſe foncière vaut quinze cents millions de revenu, la contribution foncière ne ſera que de trois vingtièmes du revenu net; ce qui ſeroit bien avantageux pour l'agriculture.

Richeſſe facultative ou mobilière.

La fixation de l'impôt ſur la richeſſe mobilière doit ſe faire de la même manière; mais comme le comité ſemble diſtinguer cet impôt ſous celui de citoyen, à raiſon de ſes facultés, déterminées par le prix du loyer des maiſons, je vais tâcher de déterminer à quoi pourroit s'élever le prix des loyers de tous les édifices en France, ſi tous étoient donnés à bail. On conçoit que le prix doit être l'intérêt réſultant de la valeur intrinſèque des mêmes édifices, & de ce que chacun produiroit d'écus, s'il étoit mis en vente. Or cette évaluation eſt facile à faire, ſi l'on détermine dans quelle proportion un propriétaire ſe loge. Un propriétaire ſe loge, je penſe, dans la proportion du dixième de ſon revenu; c'eſt-à-dire que l'homme qui jouit de ſix à ſept mille livres de rente, occupe communément des édifices qui pourroient ſe louer ſix à fept cents livres. Or, la France préfente une richeffe de quatre milliards de revenu, foit territoriaux, foit mercantiles & induftriels; par conféquent le prix du loyer de tous les édifices pourroit donc s'élever à une fomme de quatre cents millions : nous en avons cent-vingt à répartir pour la fixation de l'impôt fur la richeffe mobilière des maifons ; ainfi il faut impofer les édifices fur le pied de deux cinquièmes du prix des loyers ou des revenus, fixés à cinq pour cent de la valeur intrinsèque des mêmes édifices.

Cette richeffe mobilière ou facultative étant le réfultat de la richeffe foncière & de la richeffe induftrielle, elle devient, dans mon fyftême d'impofition, le générateur de l'impôt, & c'eft pour cela que je lui donne le titre de *contribution facultative*.

Richeffe induftrielle.

La fixation de l'impôt fur la richeffé induftrielle, en prenant pour bafe le prix du loyer de la maifon de l'artifte, marchand, ouvrier ou autres, eft, dans mon fyftême, une opération dont le réfultat eft abfolument le même que celui de la contribution foncière, avec cette feule différence, que dans la contribution foncière c'eft le revenu du propriétaire qui fait le prix de fon loyer, & que dans la contribution induftrielle c'eft le prix du loyer qui fixe la hauteur de la contribution induftrielle.

La richeffe induftrielle s'élève, comme je l'ai dit plus haut, aux Le cinquièmes de la richeffe totale, ou à l'égal de la richeffe foncière. Pour m'en affurer, j'ai fait une opération bien fimple.

En voici le réfultat :

Dans un lieu où l'induftrie tient un jufte milieu, où le commerce fe balance comparativement au refte du royaume, & où il fe trouve une population d'environ 2000 ames, en un mot dans un lieu que je regarde comme la douze mille cinq centième partie de la France, foit en richeffe, foit en population, j'ai reconnu que, dans 500 chefs de famille, 12 vivent comme bourgeois jouissant de 2 à 4000 liv. de revenu, 49 comme marchands, gagnant depuis 1000 jusqu'à 2000 liv.; 125 comme ouvriers, gagnant 4 à 600 liv.; 200 comme manouvriers, gagnant environ 300 liv. 50 comme veuves ou filles célibataires gagnant 150 liv., & 64 pauvres ne gagnant rien.

Ainsi, 436 chefs de famille jouissent donc de 240.000 liv. de revenu ou bénéfice annuel.

En supposant, comme de raison, une pareille industrie dans le reste de la France & 25 millions d'ames, le revenu industriel s'élève donc à environ trois milliards, qui doivent acquitter 240 millions de contributions, soit à titre d'abonnement, soit par des impôts indirects, en un mot, de la manière que l'Assemblée le jugera le plus convenable.

Mais comme les trois dernières classes, dans le cas d'un abonnement, ne peuvent supporter aucun impôt, & que la première ne fait aucun commerce, il reste environ 1600 millions sur lesquels il faut répartir les 240 millions d'impôt de richesse industrielle, ce qui revient à trois vingtièmes, & toujours au calcul que j'ai mis en avant, & qui n'est point forcé.

Il résulte, Messieurs, de tout ce qui précède, que, dans mon systême, dès qu'on connoît le nombre d'habitans d'un département, d'un district, d'un canton, & souvent d'une municipalité; qu'on a opéré en détail de la même manière que je viens de le faire, toutes les richesses se trouvent, par ce procédé, exactement encadastrées, & ce sont ces opérations simples, successives & de la plus facile exécution, que j'appelle cadastres, soit généraux, soit particuliers.

Pour abréger toute définition à ce sujet, j'ai l'honneur de vous en présenter un d'autant plus intéressant dans l'état actuel des choses, qu'il résout véritablement le problême de l'impôt.

Ce premier cadastre, Messieurs, est le fruit de ce travail

qui m'occupe depuis six mois au comité de constitution, & dont je desire de vous faire le rapport, comme j'ai eu l'honneur de vous le dire plus haut.

Les masses de la contribution ont été puisées dans le livre de l'Administration des finances de la France, par M. Necker, & je les crois très-justes. Il est cependant possible qu'il se soit glissé quelques erreurs; mais les erreurs ne peuvent se communiquer; d'ailleurs, elles pourront se rectifier très-facilement en priant MM. les Députés des anciennes généralités, de se rassembler à cet effet devant MM. d'un comité de cadastre, que je crois nécessaire de composer de deux membres du comité des finances, de deux membres du comité d'imposition, & de deux membres pris dans le sein de l'assemblée nationale.

Si vous voulez, Messieurs, entendre la lecture de ce premier cadastre, vous connoîtrez ce que chaque département contient de lieues quarrées, combien il y a de citoyens, & combien il doit supporter de contribution.

Pour faciliter les travaux de cadastre, j'ai divisé la France en neuf parties ou régions, composées toutes de neuf départemens, sauf la région de Paris ou du Nord qui en contient onze.

En divisant ensuite vos masses de contribution de chaque département, par cinq, vous aurez aussitôt les données des trois contributions: savoir, deux cinquièmes pour la contribution foncière; un cinquième pour la contribution facultative des citoyens, & deux cinquièmes pour la contribution industrielle; & alors, combien ne sera-t-il pas facile, Messieurs, à chaque département, de faire sa répartition, quand vous aurez déterminé ces trois bases de la contribution. J'ai l'honneur de vous supplier, Messieurs, de les arrêter, ces bases; & à cet effet, je vous propose de décréter ce qui suit.

Je commence le projet de décret par les deux articles constitutionnels que j'ai eu l'honneur de vous soumettre pour la liquidation de la dette publique.

CADASTRE

CADASTRE GÉNÉRAL DE LA FRANCE,

Par ordre de Régions & Départemens.

NOTA. *J'ai l'honneur d'observer que quelles que soient les masses de contribution attribuées à chaque département, les sommes ne représentent toujours que les trois vingtièmes du revenu de la richesse foncière, fixée au denier vingt.*

Les deux cinquièmes du prix des loyers de maisons, pour la contribution des facultés des citoyens : le prix des loyers fixé au dixième des revenus.

Et les trois vingtièmes du revenu de la richesse industrielle, fixée par dix fois le prix du loyer.

Et que si la richesse d'un département, soit foncière, soit mobilière ou facultative, soit industrielle, ne peut atteindre le prix porté au cadastre, ce seroit une moins-value à déduire & à répartir sur les autres départemens de la généralité; le maximum des contributions des citoyens ne devant jamais excéder les taux ci-dessus fixés.

J'observe aussi que cette manière d'imposer pour l'année 1791, comprenant tous les impôts, les salaires & pensions du clergé, ainsi que les sommes nécessaires aux besoins des pauvres, entretien & confection des chemins, même frais de régie des contributions, les impôts qui seront conservés seront déduits sur les trois contributions, en proportion de leur importance, & que, par cette déduction, la contribution industrielle ne s'élèvera guere au-dessus de 200 millions.

J'observe enfin qu'en proposant ce mode de contribution, j'ai toujours néanmoins entendu qu'il ne seroit adopté dans les différens départemens, qu'autant que cette mesure leur seroit plus avantageuse que toutes celles qui pourroient être proposées; autrement, libre, pour 1791, aux départemens d'asseoir l'impôt de la manière qu'ils croiront la plus avantageuse.

Je n'ai point donné la manière de procéder à l'exécution de ce cadastre, ainsi qu'à celle des différens cadastres qui devront se succéder : je le ferai quand on traitera le mode de répartition. J'ai l'honneur de prévenir seulement que ces moyens d'exécution peuvent s'appliquer au plan que M. Rey propose. Nos deux plans tendent au même but, & peuvent se concilier facilement.

CADASTRE GÉNÉRAL.

	Région du Nord.	Lieues quarrées.	Population.	Contribution.
1	Paris	22	680,000	76,840,000 l.
2	Seine & Oiſe	295	300,000	9,900,000
3	Oiſe	289	300,000	9,260,000
4	Seine & Marne	320	324,000	10,692,000
5	Eure & Loire	273	216,000	6,400,000
6	Eure	293	375,000	14,400,000
7	Seine inférieure	329	418,000	17,000,000
8	Somme	311	362,000	10,800,000
9	Pas de Calais	349	550,000	11,000,000
10	Nord.	300	533,000	11,000,000
11	Aiſne.	374	367,550	9,960,000
	TOTAL	3,155	4,425,550.	187,252,000 l.

	Région des Sources.	Lieues quarrées.	Population.	Contribution.
12	Aube.	280	185,000	5,206,000 l.
13	Marne.	400	265,000	7,456,000
14	Ardennes	242	160,400	4,514,000
15	Meuſe.	308	236,500	5,078,000
16	Mozelle	294	272,000	4,600,000
17	Meurte	303	356,500	4,600,000
18	Haute-Marne	303	200,900	5,653,000
19	Voges	349	300,000	4,200,000
20	Bas-Rhin.	237	340,000	5,000,000
	TOTAL	2,716	2,316,300	46,307,000 l.

	Région du Levant.	Lieues quarrées.	Population.	Contribution.
21	Haut-Rhin	214	287,000	4,240,000 l.
22	Haute-Saône	270	235,000	3,308,000
23	Doubs	269	210,000	3,179,600
24	Jura	272	234,000	3,288,400
25	Côte-d'Or	437	400,000	8,042,000
26	Saône & Loire.	411	377,000	7,580,000
27	Ain.	300	275,500	5,540,000
28	Iſere	458	284,600	5,304,000
29	Rhône & Loire.	427	633,600	19,950,000
	TOTAL	3,058	2,936,700	60,432,000 l.

	Région du Rhône.	Lieues quarrées.	Population.	Contribution.
30	Haute-Loire	254	200,000	4,309,000 l.
31	Ardèche.	260	1[illegible]7,000	4,344,000
32	Drome.	339	210,000	3,914,000
33	Hautes-Alpes.	283	170,000	3,170,000
34	Basses-Alpes.	388	205,000	4,065,[illegible]00
35	Var.	344	24[illegible],000	4,[illegible]09,000
36	Bouches du Rhône	326	302,000	6,025,500
37	Corse.	540	124,000	600,000
38	Gard	279	211,500	4,604,000
	TOTAL	3,013	1,866,500	36,001,000 l.

	Région du Midi	Lieues quarrées.	Population.	Contribution.
39	Herault	327	248,000	5,400,000 l.
40	Lozere	242	183,400	4,044,000
41	Cantal.	273	260,000	5,134,000
42	Aveiron	420	2[illegible]8,000	6,185,000
43	Tarn.	285	216,000	4,763,000
44	Aude.	311	2[illegible]800	5,200,000
45	Pyrénées Orient.	220	15[illegible],000	2,620,000
46	Arriege	23[illegible]	160,000	2,735,000
47	Haute-Garonne	347	237,800	4,520,000
	TOTAL	2,664	1,971,000	40,668,000 l.

	Région de la Garonne.	Lieues quarrées.	Population.	Contibution.
48	Gers.	380	252,000	3,835,000 l.
49	Hautes-Pyrénées.	246	148,000	2,160,000
50	Basses-Pyrénées.	446	209,000	3,926,000
51	Landes.	461	231,000	3,424,000
52	Gironde	549	570,000	9,980,000
53	Lot & Garonne.	273	283,000	4,755,000
54	Lot	382	252,000	5,618,500
55	Dordogne	428	380,000	6,380,000
56	Corrèze.	296	238,540	3,280,000
	TOTAL	3,461	2,623,540	43,268,500 l.

	Région du Couchant.	Lieues quarrées.	Population.	Contribution.
57	Haute-Vienne,	248	200,000	2,750,000 l.
58	Charente	30[illegible]	251,400	4,765,000
59	Charente inférieure	360	345,400	7,168,000
60	Vendée	327	212,000	3,960,000
61	Deux-Sevres.	307	200,000	3,732,000
62	Vienne.	354	264,400	4,237,000
63	Indre & Loire.	323	328,000	7,708,000
64	Maine & Loire.	365	370,000	8,700,000
65	Loire inférieure.	373	476,000	6,250,000
	TOTAL	2,966	2,647,200	49,270,000 l.

	Région des Mers.	Lieues quarrées.	Population.	Contribution.
66	Sarthe.	336	340,000	8,000,000 l.
67	Mayenne	94	302,000	7,110,000
68	Ille & Villaine	357	460,000	6,000,000
69	Morbihan	360	460,000	6,037,000
70	Finistère	353	450,000	5,903,000
71	Côtes du Nord.	339	430,000	5,400,000
72	Manche.	278	310,000	8,165,000
73	Calvados.	358	408,000	9,905,000
74	Orne.	310	362,000	10,300,000
	TOTAL	2,985	3,522,000	66,910,000 l.

	Région du Centre.	Lieues quarrées.	Population.	Contribution.
75	Loir & Cher.	323	243,000	7,096,000 l.
76	Loiret	337	253,000	7,493,000
77	Yonne	400	412,000	12,900,000
78	Nyevre	374	237,000	4,317,000
79	Cher	372	259,000	4,060,000
80	Indre.	368	253,500	3,940,000
81	Creuse.	290	205,400	3,270,000
82	Allier	364	230,700	4,203,000
83	Puy de Dôme.	382	380,000	7,504,000
	TOTAL	3,210	2,473,600	54,783,000 l.

Rapport des Régions.

		Lieues quarrées.	Population.	Contribution.
Régions	Nord....	3155....	4,425,550....	187,252,000 l.
	Sources..	2716....	2,316,300....	46,307,000
	Levant..	3058....	2,936,700....	60,432,000
	Rhône..	3013....	1,866,500....	36,001,000
	Midi....	2664....	1,971,000....	40,668,000
	Garonne	3461....	2,623,540....	43,268,500
	Couchant	2966....	2,647,200....	49,270,000
	Mers....	2985....	3,522,000....	66,910,000
	Centre...	3210....	2,473,600....	54,783,000
	TOTAL	27,228...	24,782,390...	584,891,500 l.

PROJET DE DECRET.

ARTICLE PREMIER.

L'Emprunt & toutes opérations qui en portent le caractère, s'il n'est pourvu en même temps au remboursement, sont défendus en France.

II.

L'impôt pesant sur tous les citoyens, dans la proportion de la richesse de chacun, sous quelque forme que cette richesse se représente, productive ou non, sera la seule mesure que la Nation emploiera pour subvenir à ses besoins ordinaires.

III.

La richesse sur laquelle l'impôt sera prélevé, se divise en trois parties sous les dénominations suivantes.

La richesse territoriale, foncière ou immobilière.

La richesse mobilière ou facultative.

La richesse industrielle ou mercantille.

IV.

La contribution sur les trois richesses sera répartie dans les proportions suivantes.

Deux cinquièmes de la richesse foncière, &c.

Un cinquième sur la richesse mobilière, sous le titre de Contribution facultative des Citoyens, d'après le prix des loyers des maisons ou autres édifices, & deux cinquièmes sur la richesse industrielle & mercantille.

V.

Les Comités des Impositions & des Finances réunis, présenteront incessamment un projet de décret des impôts conservés; mais ils ne conserveront que ceux qui ne seront pas nuisibles à la liberté, & qui n'exigeront ni gardes, ni barrières pour leur perception.

VI.

Le Cadastre présenté à l'Assemblée sera vérifié, & à cet effet, il est établi un Comité de Cadastre composé de six membres, dont deux pris dans le Comité des Finances, deux dans celui des impositions, & deux dans le sein de l'Assemblée Nationale, & la nomination sera faite par liste à la majorité relative.

VII.

Le Comité de Cadastre présentera aussi incessamment un projet de Cadastre provisoire, pour la répartition des impôts de 1791.

www.ingramcontent.com/pod-product-compliance
Ingram Content Group UK Ltd.
Pitfield, Milton Keynes, MK11 3LW, UK
UKHW020410250726
13967UKWH00006B/2570

9 782011 906052